LE CONGRÈS INTERNATIONAL

DE

DROIT MARITIME

DE GÊNES

PAR

HENRI PRUDHOMME

Docteur en Droit
Substitut du Procureur de la République près le tribunal de Sens
Membre de la Société de Législation comparée.

EXTRAIT DE LA *FRANCE JUDICIAIRE*

PARIS
A. DURAND ET PEDONE-LAURIEL, ÉDITEURS
LIBRAIRES DE LA COUR D'APPEL ET DE L'ORDRE DES AVOCATS
G. PEDONE-LAURIEL, SUCCESSEUR
13, RUE SOUFFLOT, 13

1893

LE CONGRÈS INTERNATIONAL

DE

DROIT MARITIME

DE GÊNES

LE CONGRÈS INTERNATIONAL

DE

DROIT MARITIME

DE GÊNES

PAR

HENRI PRUDHOMME

Docteur en Droit
Substitut du Procureur de la République près le tribunal de Sens,
Membre de la Société de Législation comparée.

EXTRAIT DE LA *FRANCE JUDICIAIRE*

PARIS
A. DURAND ET PEDONE-LAURIEL, ÉDITEURS
LIBRAIRES DE LA COUR D'APPEL ET DE L'ORDRE DES AVOCATS
G. PEDONE-LAURIEL, SUCCESSEUR
13, RUE SOUFFLOT, 13

1893

LE
CONGRÈS INTERNATIONAL DE DROIT MARITIME
DE GÊNES

L'Italie revendique l'honneur d'avoir donné le jour à Christophe Colomb. Le quatrième centenaire de la découverte de l'Amérique devait être par elle l'occasion de fêtes mémorables, dans lesquelles les jurisconsultes ont eu leur part. Le 26 septembre, en effet, s'ouvrait à Gênes le Congrès international de Droit maritime, dont nous avons ici même publié, en son temps, le programme[1].

Une étude approfondie et détaillée des travaux de cette docte assemblée, qui se prolongèrent jusqu'au 3 octobre, serait aujourd'hui prématurée. Le lecteur cependant nous saura peut-être gré, de résumer très rapidement les projets de délibérations qui furent soumis au congrès et de traduire les résolutions adoptées.

Le congrès était subdivisé en quatre sections :

I. — Crédit maritime ;
II. — Avaries et connaissement ;
III. — Assurances maritimes ;
IV. — Abordage, assistance et sauvetage.

I

La première section, qui s'occupait spécialement des questions relatives au crédit maritime, a été saisie d'un projet sur la personnalité juridique des navires.

Si les navires sont des choses, ils sont toutefois traités à certains égards, par toutes les législations, comme des personnes. Ils ont notamment, un domicile, le port d'attache, et une nationalité. Ne conviendrait-il pas d'aller plus loin et de leur attribuer une véritable personnalité juridique ? Les conséquences de cette idée se-

1. *France judiciaire,* 1891, 1re partie, p. 348 et suiv.

raient d'assimiler pour ainsi dire l'armateur au directeur d'une société anonyme qui, lorsqu'il agit en cette qualité, oblige seulement la personne morale dont il est le représentant. Pour préciser d'un mot le système que nous étudions, il nous suffira de rappeler les dispositions de l'article 216 du code de commerce français. « Tout propriétaire de navire est civilement responsable des faits du capitaine et tenu des engagements contractés par ce dernier pour ce qui est relatif au navire et à l'expédition. — Il peut dans tous les cas s'affranchir des obligations ci-dessus par l'abandon du navire et du fret. — Toutefois, la faculté de faire abandon n'est point accordée à celui qui est en même temps capitaine et propriétaire ou copropriétaire du navire. Lorsque le capitaine ne sera que copropriétaire, il ne sera responsable des engagements contractés par lui pour ce qui est relatif au navire et à l'expédition, que dans la proportion de son intérêt. — En cas de naufrage du navire dans un port de mer ou havre, dans un port maritime ou dans les eaux qui leur servent d'accès, comme aussi en cas d'avaries causées par le navire aux ouvrages d'un port, le propriétaire du navire peut se libérer, même envers l'Etat, de toute dépenses d'extraction ou de réparation, ainsi que de tous dommages-intérêts, par l'abandon du navire et du fret des marchandises à bord. — La même faculté appartient au capitaine qui est propriétaire ou copropriétaire du navire, à moins qu'il ne soit prouvé que l'accident a été occasionné par sa faute ». Le système proposé au congrès accentuait, jusqu'à la rendre absolue, la séparation entre la fortune de terre et la fortune de mer des propriétaires de navires. Nous lisons, en effet, dans la première proposition sur laquelle la section a été appelée à délibérer. « Les navires constituent une personnalité juridique dont la responsabilité est limitée au montant de ce qui constitue leur patrimoine ». Ce système a prévalu. La seule différence que nous remarquons entre le projet primitif et la résolution définitive consiste dans la substitution du mot « individualité » (*ente*) au mot « personnalité ».

Nous ne nous proposons pas d'entrer, aujourd'hui du moins, dans l'examen des graves problèmes que soulève cette proposition. Pour réaliser le vœu du congrès, il faudrait introduire, dans la presque totalité des législations, des modifications profondes. Il y a donc lieu de penser que ce vœu, de longtemps, ne pourra recevoir une réalisation pratique. D'ici là l'idée ingénieuse sans doute et, au premier abord, séduisante qui a inspiré la commission et le congrès sera certainement reprise, discutée de nouveau et mûrie. Pour l'instant nous nous bornerons à une simple observation.

Après avoir créé *l'individualité* du navire, on a cherché à organiser ce que l'on pourrait appeler la « faillite » de cette individualité juridique. On a prévu le cas où le navire ne serait plus en situation de faire honneur à ses obligations, et l'on a proposé d'obliger l'armateur à déposer le *bilan* du navire devant le tribunal du port d'attache, qui, à son tour désignerait un administrateur ou syndic. Mais, si toute cette procédure peut être acceptée lorsqu'il s'agit d'un navire composant à lui seul la totalité du patrimoine maritime d'un propriétaire ou d'une société, comment appliquer ces dispositions lorsque le navire insolvable fera partie de la flotte d'une société de navigation qui sera elle-même en état de faillite? L'existence simultanée d'un administrateur de la faillite des navires et d'un syndic de la faillite de la société ne serait-elle pas, en pratique, la source de nombreuses complications et de graves difficultés? Il y a lieu de le craindre, si l'on remarque que ces deux administrateurs seraient souvent très éloignés l'un de l'autre, car le port d'attache de tel ou tel navire particulier peut-être distinct du siège de la société.

Ajoutons, en outre, qu'on arriverait à exonérer l'armateur d'obligations que l'équité commande de laisser à sa charge. Ici encore, précisons notre pensée en empruntant un exemple au droit français. L'armateur dans l'état actuel de notre législation ne peut, à raison de l'obligation directe dont il est tenu, s'exonérer, par l'abandon, du payement des salaires dus aux marins embarqués sur un navire dont l'équipage a été formé dans le lieu même de sa résidence personnelle. L'engagement, en effet, dans cette hypothèse est réputé fait conjointement par le capitaine et par l'armateur [1]. Il semble que l'opinion contraire devrait préva-

1. Cf. Bordeaux, 1er août 1853, D. 57,2,43; Cass., 30 août 1859, D. 59,1,350.

loir dans la théorie admise par le congrès de Gênes. La nécessité de distinguer entre la fortune de mer et la fortune de terre de l'armateur ne conduirait-elle pas ici à des conclusions injustes, à force de vouloir être absolues ? N'y a-t-il pas, en effet, dans la fortune de terre elle-même de l'armateur, tels biens qui semblent devoir être, au moins au même titre, le gage commun de ses créanciers maritimes et terrestres ? Tels sont, pour ne citer qu'un exemple, les immeubles d'une valeur souvent considérable que les compagnies de navigation affectent à l'exercice de leurs entreprises.

Quoiqu'il en soit, la thèse du congrès de Gènes sur la personnalité du navire méritait d'être mise tout particulièrement en relief. Elle appelle les réflexions et les observations des jurisconsultes et des hommes d'affaires.

Le projet de la commission préparatoire contenait une disposition (art. 4) qui avait pour but de déterminer le rang des différentes créances afférentes sur le navire en état d'insolvabilité. Cette disposition n'a pas trouvé place dans les résolutions dont nous publions ci-après la traduction. Nous croyons devoir en reproduire les termes :

« Le produit de la liquidation est distribué dans l'ordre suivant :

1) Tous les frais faits durant la période de la liquidation.

2) Les frais ou primes de sauvetage pour le dernier voyage.

3) Les salaires de l'équipage pour le dernier voyage, sans que lesdits salaires puissent s'étendre au delà de six mois pour les vapeurs et de douze mois pour les voiliers.

4) Les contributions aux avaries communes.

5) Les sommes pour lesquelles le navire a été légalement engagé par le capitaine.

6) Les frais de réparations et provisions faites dans un port intermédiaire pour le dernier voyage.

7) Les sommes pour lesquelles le navire a été légalement engagé par l'armateur.

8) Les sommes dues à raison de l'administration du navire.

II

La deuxième section s'occupait spécialement des avaries et du connaissement.

Ses travaux se divisent naturellement en deux parties. Elle a examiné successivement les modifications et additions à introduire dans les dix-huit règles d'York et d'Anvers arrêtées dans les conférences tenues à Liverpool du 26 au 30 août 1890[1] et les amendements dont sont susceptibles les dix-sept règles d'Hambourg et de Brême, de 1886, sur le connaissement.

Indiquons d'abord les modifications proposées aux règles de York et d'Anvers sur le règlement des avaries.

Le congrès a adopté la suppression de la déposition finale de la règle III, qui, conformément à la jurisprudence française[2] exclut de la bonification, au cas d'avaries résultant d'un incendie survenu à bord, « le dommage causé par le sinistre aux parties du navire, aux parties de la cargaison en vrac ou aux colis de marchandises qui auraient été en feu. »

La cinquième règle comprenait, en principe, l'échouement volontaire dans les cas d'avaries communes, sauf à l'exclure lorsque l'échouement se produisait « dans des circonstances telles que, si cette résolution n'avait pas été prise, le navire aurait inévitablement sombré ou se serait échoué sur le rivage ou sur des rochers. » Il semble, en effet, que dans ce cas il convient de rendre aux faits leur réalité et de dire, suivant la théorie anglaise, que l'événement a été plutôt le résultat de la force majeure que la conséquence de la délibération volontairement prise par l'équipage, puisque celui-ci paraît avoir surtout obéi à la loi du *sauve qui peut*. Mais dans quelle mesure la force majeure a-t-elle été prépondérante sur la volonté du capitaine qui, somme toute, concourait avec elle? Il y a là des questions de fait délicates à résoudre, sauf dans certaines espèces particulièrement simples[3]. Le congrès de Gê-

1. Voir : *France Judiciaire*, 1891, 1re partie, p. 376 et suiv.

2. Cf., not. tribunal du Havre, 8 mars 1870. *Recueil du Havre*, 1871, 2, 12. DESJARDINS, *Tr. de dr. com. marit.* IV. n° 994 ; DALLOZ, Sup. V° *Dr. marit.* n° 1237.

3. Cf., Marseille, 29 février 1840. Dans cet espèce, la délibération de l'équipage avait été prise alors que le navire se trouvait déjà engagé sur le banc

nes, en conséquence, se rapprochant davantage de la théorie suivie en France, a admis d'abord que le dommage résultant de l'échouement constituait en principe une avarie simple, mais qu'il devenait une avarie grosse lorsque l'échouement volontaire est la conséquence *immédiate et directe* d'une délibération prise par le capitaine en vue du salut commun [1].

La règle IX, assimilait complètement la cargaison aux objets d'inventaire et aux provisions du navire, dans ce cas où il devient nécessaire de brûler ces objets comme combustible pour le salut commun. Cette solution était évidemment critiquable. Que l'armateur ou le capitaine soit en faute pour n'avoir pas embarqué une quantité suffisante de charbon, et que, dès lors, il ne puisse faire admettre en avarie commune les agrès qu'il a dû brûler, cela est en réalité indifférent lorsqu'il s'agit d'apprécier les rapports des différents chargeurs entre eux. Une distinction semble donc s'imposer ici. Les marchandises brûlées comme combustible doivent être, dans tous les cas, admises en contribution, tandis que les objets d'inventaire et les provisions du navire ne peuvent l'être qu'autant qu'il est justifié que le navire avait été pourvu d'une ample provision de charbon. Telle est la solution admise par le congrès de Gênes [2].

La savante assemblée a en outre intercalé, à la suite de la XIe règle d'York et d'Anvers, une nouvelle disposition, portant le n° XIV, et d'après laquelle les réparations *provisoires* d'avaries particulières, faites dans un port de relâche forcée, doivent être exceptionnellement réputées avaries communes, dans la mesure où elles ne peuvent être utilisées pour la réparation définitive, lorsque le capitaine se trouvait dans la nécessité de les faire ou de rompre le voyage, ou tout au moins de compromettre gravement son résultat, à raison du délai considérable que demanderaient les réparations définitives.

Cette addition qui sanctionne un usage qui tend de plus en plus à se répandre, et dont l'équité ne parait pas sérieusement

de sable où l'échouement avait eu lieu (DALLOZ, Rép. V° *Dr. marit.* n° 1097).

1. Cf., DALLOZ. Supp. V° *Dr. marit.* n° 1226.

2. Voir en sens contraire, trib. de com. du Havre, 3 juin 1890, *Rec. du Havre*, 90, 1.147.

contestable, a eu pour effet de modifier le numérotage des règles 12 à 18 adoptées en 1890. La XVIIIe, spécialement, devient la règle XIXe. Celle-ci a été aussi l'objet d'une modification. La conférence de Liverpool n'avait pas déterminé d'après quelle règle devrait être fait le règlement de l'avarie, si les parties avaient négligé d'insérer dans les connaissements une clause spéciale se référant à la règle d'York et d'Anvers. Le congrès de Gênes, s'inspirant évidemment des discussions des congrès d'Anvers et de Bruxelles, et d'un usage constant, généralement accepté par les législations les plus récentes, parmi lesquelles nous citerons le Code portugais de 1888 (art. 650) et le Code argentin de 1889 (art. 1335), décide que dans ce cas le règlement doit être opéré suivant la loi en vigueur dans le lieu de destination ou dans le port d'arrêt, et que c'est dans le cas seulement où il sera impossible de procéder au règlement dans le port de relâche forcée qu'il y a lieu de le faire dans le port d'attache et suivant la loi de ce port. La théorie qui voudrait substituer ici la loi du pavillon à celle du port de destination ou d'arrêt, a donc subi, à Gênes, un nouvel échec. Il faut reconnaître que cette théorie présenterait en pratique d'assez nombreuses difficultés, dont la moindre ne serait pas de trouver des dispacheurs suffisamment versés dans les différentes législations qu'il leur faudrait appliquer [1].

Quatre points des règles adoptées par les rédacteurs du modèle de connaissement d'Hambourg et de Brême, ont été soumis aux discussions du congrès.

Dans la règle II, on a maintenu la clause autorisant l'armateur à se décharger des conséquences des erreurs de jugement technique du pilote, du capitaine, de l'équipage ou des autres subordonnés de l'armateur. Nous ne rappellerons pas les débats si intéressants auxquels cette question a donné lieu tant aux con-

1. Tel est, en effet l'un des principaux motifs mis en avant, au Congrès d'Anvers, par les adversaires du système proposé par la commission qui admettait, au contraire, que le règlement de l'avarie doit s'opérer d'après la loi du pavillon du navire. — Voir : F. Daguin, Rapport sur le Congrès d'Anvers, *Bulletin de la Société de législation comparée*, XV, p. 580.

grès d'Anvers et de Bruxelles [1], que dans les conférences d'Hambourg et de Londres [2]. Le système favorable aux armateurs, qui est consacré du reste par la jurisprudence française [3] a donc, encore une fois prévalu, malgré les critiques nombreuses dont il avait été justement l'objet à Anvers et à Bruxelles.

Les modifications introduites dans la règle XV ont pour but de préciser les effets des clauses *que dit être, poids et mesures inconnus*, insérés dans les connaissements. On sait quel est, en droit français, le résultat de ces réserves. Elles ont pour but de protéger le capitaine contre les erreurs et la mauvaise foi des autres; elles ne couvrent pas sa faute personnelle. Mais elles imposent au chargeur l'obligation d'établir une faute de la part du capitaine. Le congrès de Gênes précise davantage l'effet juridique de la mention, et il met à la charge du consignataire la preuve non pas de la faute du capitaine, mais des véritables contenu, poids ou mesure des marchandises embarquées, s'il constate au déchargement un déficit dont il prétend rendre le capitaine responsable.

L'effet des clauses « franc de bris », « franc d'avaries » et « franc de coulage » tel qu'il est déterminé par la règle XVIII, ne diffère pas de l'effet attribué à ces mentions par la jurisprudence française [4].

Deux dernières dispositions votées par le congrès ont pour but l'une (règle XIX) de maintenir, en faveur du propriétaire, le droit d'abandon même dans le cas où il a signé les connaissements au lieu et place du capitaine, l'autre (règle XX) de rendre le connaissement indépendant des stipulations de la charte partie [5]. Il n'est pas sans intérêt de rapprocher de cette dernière disposition les termes de l'article 653 du code de commerce allemand. « Le connaissement fixe les rapports juridiques entre le fréteur et le

1. Voir : F. Daguin, *Rapport précit.*, p. 587, et Constant, Le congrès de droit commercial d'Anvers, *France judiciaire*, 10e année, 1re partie, p. 95 et suiv.

2. Constant, Le congrès international de droit commercial, *France judiciaire*, 1888, 1re partie, p. 333.

3. Voir : Cassation, 20 janvier 1869 ; les conclusions de M. de Raynal, alors premier avocat général. D. 69, 1, 94 et Cassation, 14 mars 1877, D. 77, 1, 449.

4. Cf., Dalloz, Supp. V° *Dr. marit.*, n° 937.

5. Cf., C. com. chilien, art. 1057, et argentin, art. 1029.

destinataire des marchandises ; la livraison des marchandises doit notamment être faite à ce dernier conformément au connaissement. — Les stipulations du contrat d'affrétement, non portées dans le connaissement, n'ont d'effet légal, au regard du destinataire, que s'il en est fait mention expresse. Quand le fret est l'objet d'un simple renvoi au contrat d'affrétement (conçu par exemple en ces termes : *fret suivant charte partie*), les dispositions relatives aux staries de chargement et de déchargement ne sont pas considérées comme comprises dans ce renvoi. — En ce qui concerne les rapports du fréteur et de l'affréteur, ce sont les dispositions du contrat d'affrétement qui sont déterminantes ».

Rien n'est plus juridique que cette distinction. La retrouvons-nous dans la résolution du congrès de Gênes ? On pourrait le penser, si les mots *le porteur du connaissement*, désignent le destinataire des marchandises. Mais il eût peut-être été bon de préciser davantage.

III

Les questions soulevées par le concours d'assurances multiples contractées sur les mêmes choses et pour les mêmes risques, dans l'intérêt d'une même personne, et la théorie du délaissement sont les seuls points sur lesquels aient porté les discussions de la troisième section.

Nous pouvons caractériser d'un mot les résolutions adoptées par le congrès. Elles sont conformes aux solutions adoptées précédemment à Anvers [1]. En matière d'assurances multiples, le système français a donc prévalu sur le système adopté par le législateur italien de 1882 (art. 608). Si la première assurance couvre la totalité de la valeur assurée, les assurances suivantes demeureront ristournées. En cas de concurrence entre une assurance conclue par l'intéressé ou son mandataire direct, et une autre assurance contractée antérieurement en son nom par un *negociorum gestor*, cette seconde assurance demeurera dépourvue d'effet [2]. Le Code italien, au contraire, maintient toutes les as-

1. Voyez questions 43 et 51.
2. Voir dans le même sens, C. com. allemand, art. 792 ; argentin, art. 500 ; portugais, art. 433 ; esp., art. 782 ; chilien, art. 525 ; hollandais, art. 277.

surances, et il permet à l'ayant droit d'actionner, à son choix, l'un des assureurs, sauf à celui-ci de recourir contre les autres dans la proportion des intérêts respectifs.

Le congrès s'écarte, toutefois, de la solution adoptée par les législations qui suivent la règle de l'article 359 de notre code de commerce, en décidant que la prime doit être restituée par ceux des assureurs qui n'ont pas couru le risque. Généralement l'assureur dont le contrat est ristourné, conserve un tant pour cent, à titre d'indemnité.

Signalons, en terminant, les dispositions contenues sous le n° 6, qui prévoit le concours de polices sur abonnement avec les polices ordinaires.

En matière de délaissement, le congrès de Gênes, conformément aux décisions antérieures du congrès d'Anvers, a répudié la doctrine des codes français (art. 369) et italien (art. 632) et refusé d'assimiler la perte des trois quarts à la perte totale.

IV

Les vœux émis par la quatrième section forment sans contredit la partie, sinon la plus pratique actuellement, du moins la plus originale des résolutions du congrès de Gênes.

La nécessité pour toutes les nations maritimes d'adopter un code unique en matière de collisions sur mer, a été depuis longtemps signalée. Cette unité de législation ne serait-elle pas plus facilement réalisée, s'il existait une juridiction internationale chargée de résoudre les contestations auxquelles peuvent donner lieu les abordages? La commission spécialement chargée de préparer, sur ces points, les travaux des congrès l'a pensé, et, abordant une tâche que les congrès antérieurs s'étaient reconnus impuissants à résoudre, elle a élaboré un projet d'organisation judiciaire maritime internationale qu'il nous reste à étudier sommairement.

Après avoir indiqué à grands traits les conflits qui, dans notre matière, surgissent si fréquemment entre les différentes législations, et, par là même, entre les décisions judiciaires des différents pays, la commission continuait en ces termes son rapport : « Il nous a paru que la cause première de toutes ses difficultés résultait du caractère extra-territorial de la haute mer qui, n'appartenant à aucun État particulier, n'est soumise à aucune juridiction. Mais que chaque État renonce, lorsqu'il s'agit d'abordages, à son pouvoir propre de juridiction, et que l'on constitue un certain nombre de tribunaux disséminés par le monde dont la compétence territoriale comprendra une portion déterminée des mers, et la question sera aussitôt résolue, disons mieux, elle ne pourra même plus se poser.... » Plus de questions de compétence irritantes entre les cours et tribunaux de pays voisins. Mais ce n'est pas tout, « l'unité de juridiction, appellerait l'unité du droit international, l'uniformité dans l'appréciation des réparations dues et l'identité des règles suivant lesquelles il serait procédé à la liquidation [1] ». Cette idée, ajoutait le rapporteur, est logique et pratique. Elle est logique car elle établit l'autonomie, sans se mettre en opposition avec les législations des différents États ; elle est pratique, car l'accord des nations civilisées sur ce point semble facile à obtenir.

L'idée d'une mainmise des nations civilisées, agissant en commun, sur ce domaine sans maître qui s'appelle la haute mer, est assurément grande et généreuse. Après avoir exercé la justice civile en matière d'abordage, la juridiction internationale pourrait se développer et recevoir les attributions de juge criminel ou pénal. A ce titre, les infractions aux règlements internationaux prohibant la traite des nègres, pourraient, par exemple, leur être dévolues. Que des esprits sceptiques considèrent ces théories comme une chimère, comme le rêve de longtemps irréalisable d'hommes étrangers à la pratique des affaires. Pour nous, nous estimons qu'il faut savoir gré au congrès de Gênes de les avoir formulées. Cette partie de ses travaux, pour être celle qui peut-être recevra le moins rapidement un effet pratique, n'est pas celle qui fait le moins honneur à la savante assemblée, et qui paraîtra la moins digne du glorieux anniversaire qui avait servi de pré-

1. V. Rapport, p. 7 et 8. La première idée de recourir, dans cette matière, à des juges internationaux a été émise en 1884, à la fois en Italie, par la Chambre de commerce de Livourne, et en France, par la commission chargée d'examiner le projet Farcy. V. aussi Boselli, *Le droit maritime en Italie*, 1885, p. 48.

texte à sa réunion. Ne l'oublions pas d'ailleurs ! « Si un dessein ne mérite les suffrages que lorsqu'on a reconnu la possibilité de l'exécuter, il importe de ne pas se laisser entrainer à l'exagération la plus nuisible en repoussant un projet, à raison de la part d'idéal qu'il comprend. L'idéal, en effet, n'a-t-il pas devancé toutes les conquêtes dont nous recueillons les bienfaits, voire même quelques-unes des principales découvertes scientifiques [1] ? ».

Arrivant aux mesures d'organisation, la commission proposait d'utiliser l'institution actuelle des consuls où elle trouvait « comme l'ossature de la nouvelle réforme » à laquelle le consentement des gouvernements, donné sous forme de traités internationaux, viendrait apporter ensuite le souffle vivificateur.

Nous devons ici traduire le projet, car il s'écarte d'une manière assez sensible des résolutions votées par le congrès. La commission proposait la création de tribunaux consulaires à établir le long des côtes, suivant les nécessités du service, et de *cinq Cours suprêmes maritimes*, siégeant dans les cinq principaux ports maritimes de manière à diviser toute l'étendue des mers en cinq zones, dont chacune formerait le ressort d'une cour. La compétence de chaque cour serait territoriale, c'est-à-dire que chacune connaitrait des abordages survenus dans la zone sur laquelle s'étendrait sa juridiction.

Au premier degré, la connaissance du litige appartiendrait au tribunal consulaire du premier port de relâche [2], et, si la priorité de la relâche ne pouvait être déterminée, au tribunal le premier saisi de l'affaire [3] (art. 3). D'après l'article 4, les tribunaux

1. Jules Lacointa, Introduction à l'ouvrage de M. Kamarowski, *Le Tribunal international*, p. XXXII.

2. On aperçoit immédiatement une difficulté. Si le tribunal du premier port de relâche, ou le premier tribunal saisi n'est pas compris dans le ressort maritime où a eu lieu l'abordage, quelle sera la cour d'appel compétente ? Le projet adopté par le congrès soulève la même question.

3. Le lecteur nous saura peut-être gré de reproduire les termes dans lesquels la commission justifie son système. Son observation mérite la plus grande considération. « Quel sera le tribunal consulaire qui devra prononcer dans chaque cas ? Comment déterminer la compétence *ratione loci*, lorsqu'il s'agit d'un abordage ou d'un sauvetage ? La question ne peut être évitée, car même dans les limites de la juridiction interne de chaque État, nous voyons surgir des conflits de compétence territoriale entre les différents tribunaux nationaux, et

consulaires seraient composés des deux consuls des États à qui appartiennent les navires plaidants, réunis sous la présidence du consul le plus ancien du lieu où siège le tribunal. Si les navires en cause étaient plus de deux, les juges devraient être en nombre impair et proportionnel, et ils seraient choisis de la même manière que dans le cas précédent. — Si les navires en cause portaient le même pavillon, le tribunal serait composé des deux consuls les plus anciens sous la présidence du consul du pays auquel les navires appartiennent.

Le congrès a modifié la composition des tribunaux projetés. De tribunaux consulaires elle les a transformés en tribunaux arbitraux. Chaque partie serait admise à choisir un juge, qu'elle devrait prendre sur une liste contenant les noms des consuls, des commandants de port et des capitaines de navire inscrits suivant des conditions à déterminer ultérieurement, et les deux arbitres désigneraient à leur tour, pour les présider, un tiers ar-

les conflits ont dû être prévus et réglementés par les codes de procédure de chaque nation. Il est donc indispensable qu'une règle de procédure internationale fixe la compétence territoriale relativement à l'abordage. Nous avons cru pouvoir accepter la règle admise par plusieurs codes, et notamment par le code italien, règle approuvée par de nombreuses décisions judiciaires et par un grand nombre d'auteurs, nous avons nommé le *criterium* du premier port de relâche ou du port de relâche forcée. Mais on ne peut adresser à cette idée la critique que l'on en faisait antérieurement, et dire qu'il n'est pas juridique que la juridiction d'un État, à raison de faits survenus en haute mer entre navires étrangers, résulte de cette circonstance fortuite que les navires ont abordé dans tel port plutôt que dans tel autre. Cette critique, disons-nous, n'a aucune valeur contre notre système, car, en choisissant le port de première relâche, nous n'entendons pas créer la juridiction, mais seulement la compétence territoriale. L'arrivée dans le port de première relâche n'a plus, en d'autres termes, cette conséquence considérable de déterminer quel est l'État à qui il appartiendra de juger, car il n'y a pas d'États particuliers devant ce réseau de tribunaux internationaux, mais seulement de donner le *criterium* permettant de fixer le tribunal compétent parmi tous ces tribunaux absolument égaux entre eux, quant à la composition, à l'autorité et à la procédure.» Pour justifier le choix des consuls comme membres du tribunal international, le rapport fait observer ailleurs (p. 11) que les contestations auxquelles donnent lieu les abordages sont plutôt des questions de fait que des questions de droit, et que, d'ailleurs, dans le cas où les consuls ne posséderaient pas des notions juridiques suffisantes, ils pourraient faire appel aux connaissances spéciales d'experts *juristes*, de même que d'autres tribunaux font appel au concours d'experts techniques. Cette idée nous parait au moins contestable.

bitre. S'ils ne faisaient pas cette désignation, la présidence reviendrait au président du plus haut collège judiciaire du lieu de l'arbitrage.

Quant aux cours d'appel — ou, pour parler plus exactement, aux cours suprêmes, car elles statueraient souverainement et sous recours, sur le point de fait comme sur le point de droit, — le congrès s'est abstenu de déterminer leur nombre, mais il a maintenu leur composition telle qu'elle lui était proposée par la commission. Chaque État adhérent désignerait deux représentants : un conseiller juriste et un conseiller technique.

Dans la pensée des membres de la commission, dont l'opinion semble avoir été partagée par la majorité du congrès, la compétence de la juridiction internationale s'étendrait obligatoirement même au cas d'abordages survenus dans les eaux territoriales d'un État, ou, pour parler le langage qui a été recommandé comme plus exact par le congrès d'Anvers, dans les ports, fleuves et autres eaux intérieures, sauf lorsque le navire abordeur et le navire abordé portent l'un et l'autre le même pavillon et que l'événement s'est produit dans les eaux de la Puissance à laquelle ils appartiennent. Voici quels motifs le rapport invoque pour justifier cette décision [1]. « Dans les choses maritimes, la rigueur des principes juridiques doit céder devant les besoins de la pratique et du commerce, et si une collision se produit par exemple entre deux navires italiens dans un port hollandais, il n'est pas juste que la circonstance fortuite et contingente qui a réuni les deux navires dans un port étranger ait pour effet de les soustraire à leur juridiction naturelle. Dans cette hypothèse, le principe du *forum loci* doit être sacrifié, et il y a lieu, dans un but d'harmonie, d'étendre l'autorité générale des tribunaux internationaux. Il y a, toutefois, une circonstance dans laquelle une considération d'équité, permet de s'écarter de notre système, c'est lorsque deux navires, portant le même pavillon, se sont abordés dans les eaux intérieures de l'État auquel ils appartiennent ; alors il est juste que leur nationalité leur ouvre les portes de leurs tribunaux nationaux, et qu'ils ne soient pas

1. *Rapport*, p. 13.

obligés, mais qu'ils puissent, s'ils le veulent, s'adresser aux tribunaux consulaires ».

Nous ne nous arrêterons pas à une disposition réglementaire aux termes de laquelle « lorsque, de deux navires, l'un sort d'un port où l'autre pénètre, le second doit laisser libre la manœuvre du premier », et qui n'a pas trouvé place dans les résolutions du congrès, mais nous ne saurions passer sous silence l'article 7 qui détermine la loi applicable à l'abordage. La solution proposée par le congrès diffère de celle qui a été antérieurement admise à Anvers, il est donc intéressant de connaître les motifs invoqués par la commission.

Les rédacteurs du projet soumis aux délibérations du congrès se sont inspirés d'une idée formulée d'abord par l'honorable M. Jacobs et que l'on peut résumer ainsi. Lorsqu'un abordage se produit, ce n'est pas la collision, la rencontre matérielle des deux navires qui est la cause génératrice de la responsabilité ; cette cause découle du fait du navire abordeur, de la faute commise par ce navire. Voilà la base véritable de l'action juridique. Mais lors même que l'abordage se produit en haute mer, où la faute est-elle commise? A bord d'un navire appartenant à une nation déterminée et soumise à une législation concrète. La méthode qui s'impose logiquement au juge appelé à statuer sur le litige, consistera donc à rechercher d'abord quel est le navire en faute, vérification toute de fait, et qui, tout au moins, n'entraîne à faire l'application d'aucune législation particulière, car le concept de la faute est, à proprement parler, *communis juris*, et il est possible de le déterminer avec toute espèce de code ou de législation quelconque. Puis, ce point élucidé, il y a lieu d'appliquer au coupable ainsi déterminé, sa propre loi, car c'est en réalité la loi du lieu du délit [1].

En cas de faute commune, de la part des deux navires, ou de conflit entre les lois nationales des deux navires en faute, le congrès a admis que la responsabilité serait réglée *ex æquo et bono*. Le rapport nous apprend que cette formule rectifie simplement la formule acceptée par le congrès d'Anvers [2] qui

1. *Rapport*, p. 15 et 19.
2. En cas d'abordage de navire, s'il y a faute commise à bord des deux na-

a paru « trop absolue et trop rigoureuse, car les différents degrés d'une faute ne peuvent être mesurés suivant une échelle mathématique ».

Les dernières décisions votées par la quatrième section sont relatives au sauvetage et à l'assistance. Nous y retrouvons admise de nouveau l'obligation pour chaque capitaine de venir en aide à l'autre navire et de lui porter tous les secours possibles et utiles afin de le sauver des périls résultant de l'abordage. C'est la reproduction d'un vœu déjà émis à Anvers. On sait que plusieurs pays, l'Angleterre, notamment, ainsi que les Etats-Unis, la France (loi du 10 mars 1891, art. 4), l'Italie (Code de la marine marchande, art. 120 et 385), ont déjà introduit cette règle dans leur législation.

Le congrès, enfin, a admis conformément aux propositions de la commission préparatoire, que les conventions faites en mer, durant le péril, entre le navire en danger et le navire sauveteur, ne sont pas nulles de plein droit, mais seulement susceptibles d'être réduites en cas d'excès. « Il n'est pas exact, lisons-nous, à ce sujet, dans le rapport, de parler ici de dol ou de violence morale, sous prétexte que la convention est intervenue durant le danger. S'il y a eu dol ou violence, la preuve en pourra d'ailleurs être rapportée ».

Telle est la solution admise par le congrès d'Anvers (art. 61) et par le Code de commerce portugais [1]. Telle est aussi la doctrine que Pothier enseignait déjà [2]. Notons simplement ici que le congrès s'est ainsi écarté des règles admises en droit italien [3] comme en droit argentin [4].

Il serait présomptueux de terminer cette brève étude par un jugement d'ensemble sur les résolutions du congrès de Gênes, dont

vires, il est fait masse des dommages, lesquels sont supportés par les deux navires dans la proportion qu'ont eue les fautes respectivement constatées comme cause de l'événement.

1. V. Code de commerce de 1888, art. 684.

2. V. Bugnet sur Pothier, *Des obligations*, n° 23. Consultez aussi Laurent, XV, n° 519. V. Cass., 27 avril 1887, D. 88, 1, 263.

3. Code de la marine marchande, art. 127.

4. Code de commerce de 1889, art. 1310.

nous publions ci-après la traduction. Disons seulement que les travaux de cette docte assemblée ont été dignes de la noble nation qui l'avait convoquée et qui par sa législation et l'enseignement de ses jurisconsultes a fait faire au droit commercial notamment, comme au droit pénal, de si remarquables progrès.

RÉSOLUTIONS ADOPTÉES PAR LE CONGRÈS.

Ire SECTION. — **Crédit maritime.**

1. — Tout navire est considéré comme une individualité juridique dont la responsabilité est limitée au montant de ce qui constitue son patrimoine.

L'indemnité d'assurance fait partie du patrimoine du navire.

2. — La gestion et la représentation active et passive du navire appartiennent à l'armateur.

L'armateur est le propriétaire ou celui qui a été élu par la majorité des parts de propriété.

La qualité d'armateur doit résulter des registres de la circonscription maritime et de l'acte de nationalité.

L'armateur doit, sous sa responsabilité personnelle, observer les formalités qui seront prescrites par la loi nationale pour les obligations qui concernent le navire [1].

3. — Si le navire ne se trouve pas en condition de satisfaire à ses obligations, l'armateur est tenu, sous sa responsabilité propre, de présenter au tribunal de la circonscription maritime où le navire est inscrit, l'état de l'actif et du passif dudit navire, afin d'en provoquer la liquidation suivant la procédure expressément établie par la loi du lieu.

Le tribunal convoque les créanciers à l'effet de nommer un administrateur.

La liquidation peut être provoquée par tout créancier du navire [2].

1. Ce dernier alinéa ne figurait pas dans le projet élaboré par la commission préparatoire.

2. Le projet contenait en outre la disposition suivante : « L'administrateur

4. — Les gens de l'équipage perdent leur droit à leurs loyers dans le cas seulement où la preuve d'une faute ou d'une négligence est rapportée à leur charge.

5. — Les avances et les prêts sur fret doivent être inscrits sur le connaissement (*polizza di carico*).

2e SECTION. — **Avaries et Connaissement.**

Texte des modifications et additions proposées aux XVIII règles d'York et d'Anvers de 1890

III. — Extinction d'un incendie a bord. — Le dommage causé au navire et au chargement, ensemble ou séparément, par l'eau ou autrement, y compris le dommage occasionné pour échouer et saborder un bâtiment attaqué par le feu, dans le but d'éteindre un incendie à bord, sera admis à la contribution.

V. — Echouement volontaire. — Les dommages produits par l'échouement volontaire du navire ne seront pas admis à la contribution, à moins qu'il ne résulte que l'échouement a été l'exécution directe et immédiate d'une délibération prise par le capitaine pour le salut commun.

IX. — Cargaison, objets du bord et provisions consumés comme combustible. — La cargaison, les provisions et les agrès du bord qu'il aura été nécessaire de brûler comme combustible pour le salut commun seront admis en avarie commune.

Les agrès et les provisions du bord, cependant, ne seront pas admis à la contribution s'il n'est pas prouvé qu'une ample [1] provision de charbon avait été faite.

Mais la quantité de charbon qui, suivant estimation, aurait été consumée, calculée d'après le prix courant à la date et dans le port du départ pour l'expédition, sera portée au débit de l'armateur et au crédit de l'avarie commune.

a les pouvoirs d'armateur à l'effet de veiller au prompt retour du navire qui se trouve à l'étranger et de liquider toutes les actions appartenant au navire ». Il décidait, en outre, que lorsque la liquidation était provoquée par un créancier, la décision du tribunal ordonnant la liquidation et la nomination de l'administrateur devait être rendue, l'armateur entendu.

1. L'épithète *ample* a été conservée comme étant celle qui répond mieux que toute autre à l'idée d'une provision faite bien au delà du strict besoin calculé. (*Note de la décision du congrès*).

XII. — Réparations provisoires d'avaries particulières. — Les réparations provisoires d'avaries particulières exécutées dans un port de relâche forcée seront exceptionnellement réputées avaries communes dans le cas où le navire se trouve dans des conditions telles qu'il ne peut, sans ces réparations, continuer le voyage, et que les réparations définitives ne seraient pas possibles ou demanderaient un temps tellement long ou des dépenses si considérables, qu'elles compromettraient le succès du voyage.

On devra déduire de l'avarie commune tout ce qui, des réparations provisoires, pourra être utilisé pour les réparations définitives.

XIX. — Loi et lieu du règlement. — Pour tout ce qui n'est pas prévu dans les règles précédentes, l'avarie commune sera réglée d'après les lois ou les usages du lieu de destination.

Si le voyage est rompu dans un port de relâche forcée, on appliquera la loi du lieu.

Dans le cas où dans le lieu de relâche, les moyens de procéder au règlement de l'avarie commune font défaut d'une manière absolue, ce règlement doit être fait dans le port d'attache du navire, et suivant la loi en vigueur dans ce port.

Texte des modifications et additions proposées au connaissement de Hambourg et de Brême de 1886.

II.— L'armateur ne répond pas des risques de mer, de l'incendie, du fait de l'ennemi, du brigandage à main armée, de la baraterie, excepté le cas de dol ou de faute grave, de l'embargo et des autres mesures prises par une puissance souveraine. Il ne répond pas davantage du dommage et de la perte occasionnée par collision, échouement, ou autres accidents de navigation, lors même que ce dommage ou cette perte devrait être attribuée à une erreur de jugement technique du pilote, du capitaine, de l'équipage, ou des autres subordonnés de l'armateur.

Il ne répond pas non plus des dommages ou des pertes résultant d'une explosion, d'une rupture des chaudières ou des tuyaux, d'un bris ou d'un vice caché du navire ou des machines (toutes les fois que cet accident ne provient pas de l'état d'innavigabilité du navire, ou du défaut des soins auxquels est tenu l'armateur ou son préposé), ni des avaries telles que la putréfaction, la décomposition, la diminution de volume, le coulage, les casses et les détériorations produites dans les débarquements, ou de tous les autres dommages résultant soit de la nature même des marchandises, soit des défauts non apparents de leur emballage, soit, en outre, de leur contact avec d'autres marchandises, ou des exhalaisons de celles-ci, sauf la disposition de l'article précédent.

Il ne répond pas non plus des erreurs occasionnées par inexactitude, insuffisance ou défaut de marques, de numéros, adresses ou indications des marchandises composant la cargaison.

XV. — Lorsque le connaissement contient les clauses *que dit être, poids, mesure inconnus*, ou d'autres équivalentes, le capitaine est affranchi de toute responsabilité à raison du défaut de conformité, quant au contenu, au poids, à la mesure, etc., des marchandises, avec les mentions consignées dans le connaissement. Mais le consignataire aura toujours le droit de prouver le contenu, le poids, la mesure, etc., des marchandises embarquées.

XVIII. — Les clauses « franc de bris », « franc d'avaries », « franc de coulage » ou toute autre clause quelconque équivalente insérée dans le connaissement, auront pour effet d'affranchir le capitaine de la responsabilité des bris des choses fragiles ou exposées à se détériorer facilement, ou à couler, à moins que l'on ne rapporte la preuve d'une faute dudit capitaine ou d'une autre personne quelconque de l'équipage.

XIX. — La signature apposée au présent connaissement par les armateurs ou leurs représentants pour le capitaine, ne peut être, en aucun cas, invoquée dans le but de rendre les armateurs personnellement responsables des actes du capitaine ou de toute autre personne quelconque de l'équipage dans l'exécution du présent contrat.

XX. — Le présent connaissement détermine les rapports du capitaine et du porteur dudit connaissement.

Les conditions et les clauses du contrat de nolissement ne

pourront être invoquées contre ce dernier, si elles n'ont pas été expressément indiquées.

3e SECTION. — **Assurances maritimes.**

Des assurances multiples.

a) Si plusieurs assurances, ayant pour objet la même chose et les mêmes risques, sont stipulées par le même intéressé ou par ses mandataires agissant en vertu d'un mandat exprès, la première assurance par ordre de date est seule valable, quand elle couvre la valeur intégrale de la chose assurée.

Dans le cas où la valeur totale de la chose assurée n'est pas couverte par la première assurance, les autres assurances viennent ensuite par ordre de date jusqu'à concurrence de ladite valeur.

b) Si plusieurs assurances sont stipulées par différentes personnes pour le compte de qui il appartient, sans mandat exprès, et s'il existe en même temps une assurance stipulée par celui qui courait le risque et qui a droit au payement de la somme assurée, ou par son mandataire exprès, cette dernière assurance doit produire son effet de préférence à celles qui n'ont pas été stipulées par le véritable intéressé ou par son mandataire exprès.

Dans le cas où cette assurance ne couvrirait pas la valeur intégrale de la chose assurée, les autres assurances s'appliqueront par ordre de date, jusqu'à concurrence de ladite valeur.

c) Dans le cas où il n'y a pas d'assurance conclue directement par l'intéressé, ou par son mandataire exprès, et où il n'existe seulement que des assurances conclues par d'autres pour le compte de qui il appartient, la première assurance par ordre de date produira son effet, et, lorsqu'elle ne couvre pas la valeur de la chose assurée, les assurances suivantes seront valables par ordre de date.

d) En cas de concours de polices d'abonnement, sans obligation de dénoncer le risque (à forfait) avec des polices ordinaires, la date des assurances comprises dans la police d'abonnement est la date de la police même.

Dans le cas où il s'agit d'une police d'abonnement obligeant l'assuré à dénoncer à l'assureur chaque événement de risque, la date de l'assurance est déterminée par le commencement du risque même.

e) La prime devra être restituée par ceux des assureurs qui n'ont couru aucun risque.

Délaissement.

a) Il est convenable de maintenir le droit de délaisser dans la matière de l'assurance maritime.

b) Le délaissement doit être limité au cas de perte totale ou de destruction de la chose assurée.

Dans la perte totale sont réputés compris le cas de prise, d'arrêt par ordre d'une puissance, de défaut de nouvelles et celui de non arrivée des marchandises à destination. Le délaissement du navire est aussi admis en cas d'impossibilité intrinsèque ou extrinsèque de le réparer.

Est exclue la perte des trois quarts, il pourra toutefois y avoir lieu à délaissement lorsque les frais nécessaires pour les réparations occurrentes atteignent la valeur du navire assuré.

4e SECTION. — **Abordages. — Assistance et Sauvetage.**

Art. 1er. — Pour les abordages entre navires, le sauvetage, l'assistance et les questions accessoires, il est institué une juridiction internationale maritime entre les États adhérents, sous réserve de la juridiction ordinaire en cas d'accord des parties.

Art. 2. — La juridiction internationale maritime appartient :

a) au premier degré, au tribunal arbitral du lieu de première relâche, et, si l'on ne peut déterminer la priorité de la relâche, au tribunal saisi le premier de l'affaire.

b) au second degré, aux cours suprêmes maritimes dont la décision est définitive et irrévocable.

Art. 3. — La compétence territoriale des tribunaux arbitraux est déterminée par la juridiction consulaire, celle des cours par traité.

Art. 4. — Les tribunaux arbitraux sont composés de deux arbitres choisis par les parties, un par chacune d'elles, sur un tableau comprenant les noms des consuls de la juridiction consulaire, des commandants de port et des capitaines de navire inscrits sur le dit tableau suivant des modes et des conditions réglementaires à établir.

Le collège arbitral est présidé par un tiers arbitre nommé par les parties, ou, à leur défaut, par le président du plus haut collège judiciaire du lieu de l'arbitrage.

Dans le cas où les navires plaidants seront plus de deux, les arbitres seront en nombre impair et proportionnel, choisis suivant les règles sus-énoncées.

Art. 5. — Les cours suprêmes maritimes internationales sont composées de représentants des États adhérents, au nombre de deux pour chaque État, un pour la partie légale, l'autre pour la partie maritime.

Art. 6. — Dans le cas où des navires portant le même pavillon sont en litige pour un fait survenu dans les ports, fleuves et dans les autres eaux intérieures de l'État à qui ils appartiennent, la juridiction internationale est facultative.

La même règle sera applicable auxdits navires, même pour les événements survenus en haute mer, pourvu que l'instance soit commencée tandis qu'ils se trouvaient dans un même port dépendant de leur nation.

Art. 7. — Les limites et les effets de la responsabilité en matière d'abordage sont réglées par la loi de l'État auquel appartient le navire en faute.

En cas de faute commune et de conflit entre les lois des deux navires en faute, la responsabilité sera réglée *ex œquo et bono.*

En cas de doute sur la faute, on appliquera la loi la plus favorable.

Art. 8. — Dans tous les cas d'abordage entre navires, le capitaine de chacun desdits navires doit, autant qu'il le peut, donner à l'autre navire, à son équipage, à ses passagers, tous les secours possibles et utiles afin de les sauver des périls résultant de l'abordage, suivant les règles à établir par traité.

Art. 9. — L'assistance aux personnes est obligatoire, sous les sanctions à établir par traité.

Art. 10. — Le sauvetage des choses est facultatif et il peut être l'objet d'une convention.

Les conventions sont valables dans les limites du danger couru par le navire sauveteur pour porter secours, et du péril qu'il affronte pour effectuer le sauvetage, comme aussi des pertes et dommages auxquels il s'est exposé, et, enfin, de la valeur des choses sauvées et d'une juste rémunération pour le sauvetage des choses.

Ces conventions en cas d'excès sont sujettes à réduction.

Art. 11. — Lorsqu'il n'est pas intervenu de conventions et que les parties ne sont pas d'accord pour déterminer l'indemnité et les compensations dues au navire sauveteur, les tribunaux arbitraux les fixeront suivant les circonstances, et en se basant sur les critériums indiqués dans l'article précédent.

Imp. G. Saint-Aubin et Thevenot, Saint-Dizier, 30, Passage Verdeau, Paris.

A LA MÊME LIBRAIRIE

PROJET DE CODE CIVIL ALLEMAND, traduit avec introduction, par M. RAOUL DE LA GRASSERIE, juge au tribunal civil de Rennes, membre de la Société de Législation comparée, 1893. 1 vol. in-8. 8 fr.

COLLECTION DE CODES ÉTRANGERS

I. — **CODE CIVIL ESPAGNOL**, promulgué le 24 juillet 1889, traduit et annoté par A. LEVÉ, vice-président du tribunal civil d'Avesnes, 1890, 1 vol. in-8. 8 fr.

II. — **CODE PÉNAL ITALIEN**, promulgué le 1er janvier 1890, suivi des dispositions transitoires, traduit et annoté par EDM. TURREL, avocat général de la Principauté de Monaco, membre de la Société de Législation comparée, 1890. 1 vol. in-8. 5 fr.

III. — **CODE DE COMMERCE ESPAGNOL**, promulgué le 22 août 1885, mis en vigueur le 1er janvier 1886, traduit et annoté par M. PRUDHOMME, substitut du procureur de la République à Sens, membre de la Société de Législation comparée, 1891, 1 vol. in-8. 8 fr.

IV. — **CODE DE COMMERCE ITALIEN**, traduit et annoté par EDM. TURREL, 1892, 1 vol. in-8. 6 fr.

V. — **CODE DE COMMERCE CHILIEN**, traduit et annoté par M. PRUDHOMME, 1892, 1 vol. in-8. 8 fr.

VI. — **CODE DE COMMERCE ARGENTIN**, traduit et annoté par M. PRUDHOMME, 1893, 1 vol. in-8. 8 fr.

POUR PARAITRE PROCHAINEMENT :

CODE CIVIL PORTUGAIS, traduit et annoté par M. LEPELLETIER, docteur en droit.

CODE CIVIL DU CANTON DES GRISONS, traduit et annoté par M. de la GRASSERIE, juge au tribunal civil de Rennes.

CODE CIVIL ITALIEN, traduit et annoté par M. TURREL, avocat général à la Principauté de Monaco.

CODE DE COMMERCE MEXICAIN, traduit et annoté par M. PRUDHOMME, substitut du procureur de la République à Sens.

CODE CIVIL CHILIEN, traduit et annoté par M. PRUDHOMME.

CODE CIVIL AUTRICHIEN, traduit et annoté par M. DE LA GRASSERIE, juge au tribunal civil de Rennes.

CODE CIVIL SUÉDOIS, traduit et annoté par M. DE LA GRASSERIE, juge au tribunal civil de Rennes.

CODE PÉNAL DE BAVIÈRE, traduit de l'allemand, par M. VATEL, avocat, avec des explications tirées du commentaire officiel, et un appendice renfermant : 1° notes historiques ; 2° traduction d'appréciations critiques du Code de Bavière, par MM. ROSSHIRT et MITTERMAYER ; 3° prolégomènes du traité de droit pénal de Feuerbach. 1852, in-8. 10 fr.

CODES NÉERLANDAIS. Traduction par G. TRIPELS, avocat à Maestricht, docteur en sciences politiques, 1886, 1 vol. in-8. 12 fr.

CODE POLITIQUE DES PAYS-BAS. Traduction par G. TRIPELS, 1889, 1 vol. in-8. 6 fr.

CODES BELGES ET LOIS USUELLES annotés par DE LE COURT conseiller à Bruxelles, *8e édition*, 1891, 1 vol. in-12. 12 fr.

CODE DE COMMERCE BELGE et lois usuelles, annotés par VAN MEENEN, avocat, *6e édition*, 1890, 1 vol. in-12. 4 fr.

CODE DES RELATIONS EXTÉRIEURES DE LA BELGIQUE. par J.-B. LANCKMAN, chef de division au ministère des affaires étrangères de Belgique. 1892, 1 vol. in-18 relié. 15 fr.

Imp. G. Saint-Aubin et Thevenot, Saint-Dizier (Hte-Marne), 30, passage Verdeau, Paris.

www.ingramcontent.com/pod-product-compliance
Ingram Content Group UK Ltd.
Pitfield, Milton Keynes, MK11 3LW, UK
UKHW032026260826
14628UKWH00006B/2762